Par Etienne Hacken

La justice et le droit

lePetitPhilosophe.fr

INTRODUCTION 1

APPROCHE DE LA NOTION 3

La justice

Le droit

L'égalité juridique en question

EN RÉSUMÉ 21

POUR ALLER PLUS LOIN 24

TESTEZ VOS CONNAISSANCES ! 26

Associez chaque citation à l'explication qui lui correspond.

Choisissez un sujet bac et construisez le plan de votre dissertation en y associant, si possible, certaines des citations et des explications reprises ci-dessus.

INTRODUCTION

Construire une réflexion philosophique sur la justice nous invite à réfléchir à ce que signifie l'exigence démocratique de reconnaitre à chaque individu qu'il dispose :

- de droits (ce qu'il lui est permis de faire) ;
- et de devoirs (ce qu'il doit faire).

Les notions de justice et de droit sont intimement liées, mais elles sont aussi **partagées par des tensions** qui font qu'elles restent finalement distinctes :

- à la justice sont associées les notions d'exigence morale ou éthique, de bien commun, d'intérêt général, de droit naturel, du juste et de la vie bonne ;
- au droit sont associées les notions de normes juridiques, de droit positif, de lois, de législation et de légalité.

Le plus souvent, **le droit est fondé sur la morale** afin que toute action immorale soit sanctionnée. Cependant, force est de constater que ce n'est pas toujours le cas (par exemple, on peut trouver injuste de voir des immigrés expulsés du territoire, bien que ce soit légal), d'autant plus que **la morale est multiple** et que **très peu de son contenu est partagé universellement**. La décision d'un individu de suivre des exigences éthiques dépend de son libre arbitre. Dès lors, les normes juridiques sont construites spécifique-ment pour contrer cette lacune de la morale : les normes juridiques, autrement dit le droit positif, constituent des commandements impératifs avec des sanctions prévues

pour celui qui ne les respecterait pas. Elles sont donc limi-
tées à une communauté juridique particulière (un État, une
région, etc.).

<u>Niveaux de lecture :</u>

*** : incontournable

** : à ne pas négliger

* : pour approfondir

APPROCHE DE LA NOTION

LA JUSTICE

La justice, une organisation harmonieuse de la société **

Pour **Platon** (427-347 av. J.-C.), **la justice est une orga-nisation harmonieuse de la société** où chaque classe sociale exerce une fonction spécifique et a sa place propre <u>(citation 1)</u>.

Dans *La République*, le philosophe propose son idéal poli-tique : **pour vivre dans une société juste, il faut interroger le philosophe**, le sage, garant du bienêtre de la cité et de la justice. Sa tâche consiste :

- d'une part à déterminer les différentes activités néces-saires au bon fonctionnement de la cité (agriculteur, artisan, gardien, soldat, magistrat, etc.) ;
- d'autre part à amener chacun à exercer l'activité pour laquelle il a le plus de talent. Par exemple, les plus courageux deviendront soldats. Dans cette perspective, les droits accordés à chaque individu ne seront pas iden-tiques. Notons cependant que Platon défend l'égalité entre les hommes et les femmes puisqu'il considère qu'il est possible qu'une femme puisse devenir gardienne de la cité.

Pour ce faire, le sage, dans un effort de contemplation qu'il est le seul à pouvoir réaliser, s'élève vers le monde des Idées, où se situe la vérité, dans le but d'approcher au plus près l'Idée de justice, inaccessible au commun des mortels.

Dans ce sens, **la justice établie par le philosophe**, c'est-à-dire l'harmonie de la cité, **est un reflet légèrement dégradé de l'Idée de justice** contemplée par celui-ci. La cité juste platonicienne préexiste donc au monde des hommes puisqu'elle est calquée sur l'Idée de justice, qui est parfaite, éternelle et immuable. Platon note cependant que dans la cité des hommes, **la justice est contraignante** : nul n'est juste par choix, mais bien par contrainte.

La justice, la première de toutes les vertus ***

Chez Platon, la justice n'implique pas l'égalité entre les individus. Or, à l'heure actuelle, **le concept de justice est généralement associé à celui d'égalité. Aristote** (384-322 av. J.-C.) est le premier à avoir fait de l'égalité le principe de la justice.

Dans *L'Éthique à Nicomaque*, Aristote distingue :

- **la justice générale, conçue comme une vertu civique**, c'est-à-dire comme une prédisposition à agir pour le bien de la société ;
- **et la justice particulière**, qui règle les interactions entre les hommes.

La vertu de justice est chez Aristote la première de toutes les vertus, la vertu absolue qui précède toutes les autres (citation 2). Elle permet aux hommes de suivre les règles morales et sociales, et en ce sens, c'est une composante essentielle de la vie de la cité.

Quant à la justice particulière aristotélicienne, elle se subdivise entre :

- une justice corrective, qui règle les inégalités survenant au cours des transactions privées entre les hommes grâce au principe d'égalité : ainsi, le fils du président et le fils du boucher seront jugés de manière égale pour la même infraction ;
- et une justice distributive, qui répartit les biens et les honneurs selon le mérite de chaque individu grâce au principe d'équité, de proportionnalité : ainsi, les militaires et les artisans recevront argent et honneur à juste proportion de leur contribution à la société.

La conception aristotélicienne est réaliste : **la justice consiste à établir un juste milieu**, afin d'éviter les excès et de trouver la bonne mesure.

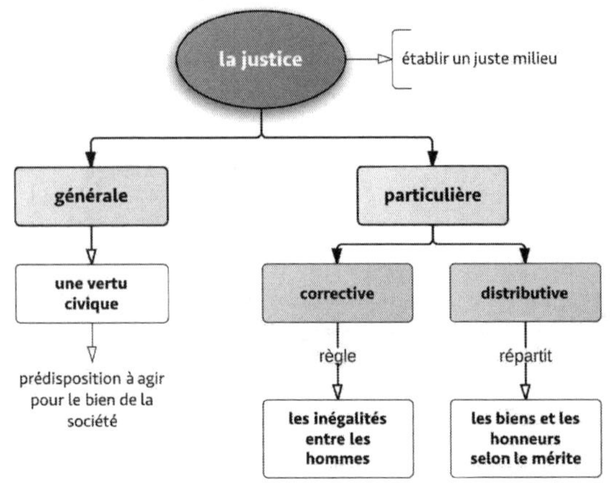

Le christianisme et les idéaux égalitaires *

Bien qu'Aristote défende l'égalité entre tous les hommes dans le cadre de la justice corrective, sa perspective est idéale, théorique. Il en va de même de celle des stoïciens, qui considéraient tous les hommes comme des frères et des citoyens du monde.

LE STOÏCISME

Le **stoïcisme** est un courant philosophique fondé par Zénon de Cition (vers 335-264 av. J.-C.) qui promeut, d'une part, la vie en harmonie avec la nature et la raison, d'autre part, l'assentiment au destin, en vue

Il faut attendre, en Occident, l'implantation du christianisme pour que les hommes (pas encore les femmes) soient effectivement considérés comme égaux. En effet, la religion chrétienne reconnait une part divine chez tout homme en tant qu'il est le fils de Dieu. Dès lors, la justice divine est au-dessus des lois particulières et accorde à chaque homme une place au paradis s'il se montre juste durant son passage sur Terre.

Dans la *Somme théologique*, **Thomas d'Aquin** (1224-1274) oppose ainsi **la justice des hommes** à **la justice de Dieu**, et affirme la primauté de la seconde sur la première, car il s'agit de la source unique de toutes les lois. La justice des hommes n'a pour but que de remédier à l'écart entre les préceptes de la loi divine et les actes particuliers des individus. Ainsi, elle est généralement provisoire et modifiable, et peut même se montrer injuste. C'est le cas de la question du vol, par exemple : la justice humaine punit le vol ; or selon la justice divine, la conservation de l'être étant prioritaire, le vol est considéré comme légitime dans certains cas d'extrême nécessité.

La justice, une responsabilité individuelle ***

Si l'idée d'égalité entre les hommes est partagée par tous les philosophes postérieurs à la naissance du christianisme, la conception chrétienne de la justice divine ne fait pas l'unanimité. Cependant, ce n'est qu'au XVIIIe siècle que le monde intellectuel et scientifique occidental se distancie des préceptes de l'Église. Certes, l'idée de Dieu reste présente dans les systèmes philosophiques, mais elle n'est plus le principe premier ou le point de départ : l'homme est dorénavant au centre des préoccupations philosophiques.

Pour **Emmanuel Kant** (1724-1804), la justice désigne avant tout le respect de la personne humaine, de la dignité de chaque homme : **être juste équivaut à traiter l'humanité comme une fin**, et non comme un moyen, autrement dit comme une liberté qui, en tant que telle, exige dignité et respect (citation 3).

Pour ce faire, **il s'agit de suivre la loi morale**, appelée « impératif catégorique ». Celle-ci doit nécessairement être valable pour tous les hommes et est issue de la raison, donc dépend de la volonté de chacun. Dès lors, pour être juste, l'individu doit rendre sa conduite conforme à l'impératif catégorique, c'est-à-dire soumettre sa volonté à la raison qui produit la loi morale. De cette manière, il a la possibilité d'accéder à la liberté et de devenir autonome : soumise à la raison, la volonté de l'homme produit elle-même, librement, les règles morales nécessaires et universelles à observer.

Mais, dans la pratique, Kant reconnait la faiblesse des hommes à suivre les prescriptions de la morale dans la mesure où celle-ci est souvent incompatible avec leurs désirs égoïstes. Il établit donc **un postulat nécessaire à l'idée de justice** : Dieu. Postuler l'existence de Dieu permet à l'homme de postposer la réalisation de son bonheur personnel : Dieu le lui accordera à condition qu'il mène une existence morale.

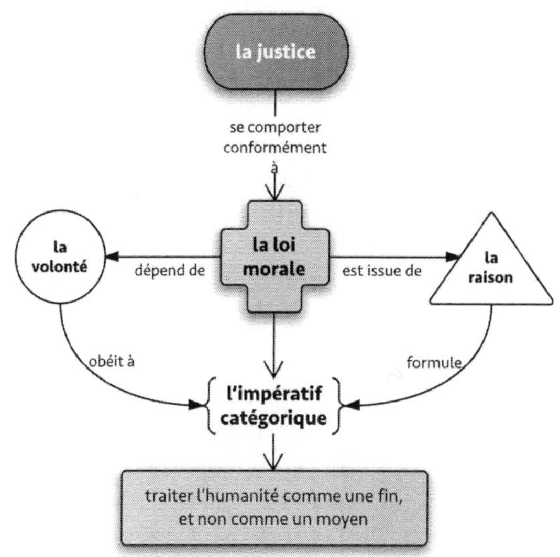

LE DROIT

L'existence de droits fondamentaux individuels *

Les révolutions américaine (1776) et française (1789) ont concrétisé l'idée selon laquelle **il existe une dignité humaine naturelle** et ont conduit à la Déclaration universelle des droits de l'homme (1948) : 193 États se sont, en théorie, engagés à reconnaitre à chaque individu **des droits fondamentaux inaliénables**, qu'on ne peut bafouer à aucune condition :

- tout individu a droit à la vie, à la liberté et à la sureté de sa personne ;
- nul ne sera tenu en esclavage ni en servitude ;
- toute personne a droit à l'éducation, etc.

Ces droits individuels priment sur les lois d'une communauté et sur ses desseins politiques. En d'autres termes, quelles que soient les motivations morales et politiques d'une communauté, il n'y a aucune condition suffisante pour enfreindre les droits fondamentaux des individus. Ils sont la base de tout projet de paix internationale.

Cependant, les droits de l'homme, contrairement à ce que cette expression indique, est un concept moral. En ce sens, il ne suffit pas pour assurer la vie en communauté : **on ne peut pas se contenter de formuler des exigences éthiques pour vivre ensemble**, comme l'a fait remarquer **Blaise Pascal** (1623-1662). La morale ne peut en aucun cas suffire à régler la vie sociale, car elle n'est pas contraignante, à la différence du droit : des sanctions sont prévues pour quiconque ne le respecterait pas.

Les droits fondamentaux individuels sont dès lors englobés dans **le droit positif**, un concept plus large et spécifiquement juridique : il désigne **l'ensemble des lois qui recoupent et dépassent les droits fondamentaux individuels**, et est spécifique à chaque communauté juridique.

Le droit naturel ou la loi du plus fort ***

La philosophie du droit s'est interrogée, entre autres, sur l'origine du droit. Certains penseurs, les théoriciens du droit naturel, soutiennent alors que celui-ci s'inspire directement de la nature humaine. Plus précisément, ils ne font pas de la nature le modèle du droit, mais partent de l'hypothèse que les hommes ont été contraints d'instaurer le droit pour protéger leur vie.

Le philosophe politique anglo-saxon **Thomas Hobbes** (1588-1679) affirme, dans *Le Léviathan* (1651), qu'à l'état de nature, l'homme se conduit comme un animal animé par des pulsions égoïstes qu'il assouvit par la force : c'est la loi du plus fort qui domine. « L'homme est un loup pour l'homme », explique-t-il.

L'ÉTAT DE NATURE

L'**état de nature** est une hypothèse philosophique qui consiste à imaginer l'homme avant qu'il ne vive en société, avant qu'il ne partage des lois avec autrui.

S'il s'agit du plus haut lieu de la liberté humaine, l'individu est toutefois en lutte constante pour affirmer sa puissance. Dans ce contexte, Hobbes évoque l'existence d'**un droit naturel pour tout homme à disposer de son corps et à affirmer sa puissance, c'est-à-dire sa volonté égoïste** (citation 4)..

Néanmoins, pour le philosophe, au droit naturel s'oppose **la loi naturelle** de l'homme pensé comme un animal rationnel, doué de raison. Celle-ci **enjoint l'homme à refuser toute situation qui pourrait le mener à la destruction de**

sa propre vie. Il décide alors, sous la forme d'un pacte, de reconnaitre contractuellement l'autorité de l'État à limiter la liberté absolue dont il jouit à l'état de nature par la soumission à un souverain roi. Reconnaissant la valeur de la vie humaine, même des plus faibles, la raison impose ainsi à l'homme de renoncer au droit naturel pour que la sécurité et la paix entre les individus soient assurées.

Selon la même logique, **John Locke** (1632-1704) estime que c'est délibérément, rationnellement, par un consentement volontaire, que nos ancêtres ont préféré se soumettre à une autorité, afin d'enrayer la loi du plus fort en vigueur à l'état de nature, et de garantir les libertés fondamentales des hommes.

En ce sens, Hobbes et Locke défendent **l'instauration d'un contrat social entre les hommes** : ceux-ci renoncent à une part de leur liberté, et se soumettent à l'autorité de l'État qui leur garantit le respect de leurs droits fondamentaux individuels.

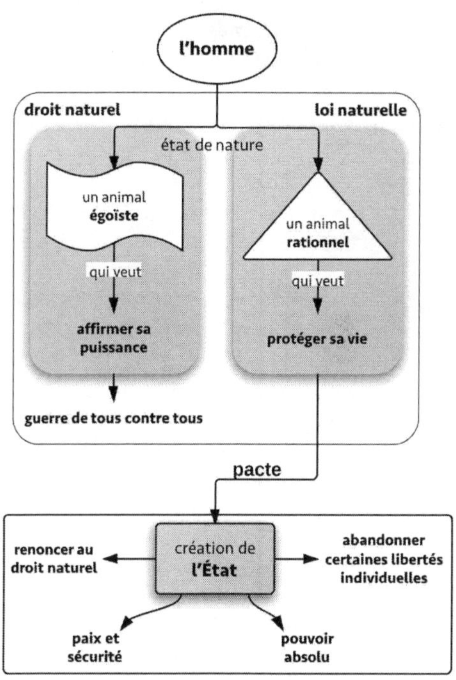

La conformité du droit positif à la volonté générale **

Pour garantir le respect des droits fondamentaux individuels, une communauté d'individus doit donc se doter d'institutions juridiques définissant un droit positif, autrement dit des normes juridiques, des lois. Ces dernières sont légitimées par un État dit « de droit » : celui-ci accorde les mêmes droits et les mêmes devoirs à chaque citoyen, instaurant ainsi l'égalité de tous face à la loi, et détient le pouvoir judiciaire de sanctionner ceux qui ne la respectent pas. **Mais à quelles conditions les lois sont-elles justes ?**

Jean-Jacques Rousseau (1712-1778) défend lui aussi le principe du contrat social : c'est selon lui la seule base légitime pour fonder le droit.

Plus précisément, il estime que la **légitimité du droit réside dans sa conformité à la volonté générale**. Celle-ci est conçue comme la somme des volontés de tous les individus d'une nation : chacun abandonne sa volonté propre au profit de la volonté générale ramenée à un intérêt commun. Dès lors, les lois émanent de la volonté générale. Cela signifie que l'homme est l'auteur des lois dont il décide librement et volontairement de la mise en application (citation 5).

L'élaboration du droit positif par le consensus *

Plus récemment, **Jürgen Habermas** (1929) s'est penché pour sa part sur la procédure de définition des normes juridiques. Selon lui, celle-ci doit respecter des exigences morales afin d'être légitime et de ne pas violer la liberté de chacun : **une loi est légitime si tous les individus concernés par son application sont d'accord avec celle-ci**. Dès lors, chaque loi doit faire l'objet d'une concertation, d'une délibération, afin de parvenir à un consensus entre tous les concernés.

Évidemment, ce principe est difficile à mettre en pratique : dans le monde actuel, si nous devions légiférer par exemple sur les problèmes écologiques, alors les individus concernés représenteraient l'ensemble de la population mondiale et il semble impossible de mettre tout le monde d'accord. Certains des successeurs d'Habermas ont alors défendu une version plus réaliste du consensus, le compromis : tout le monde n'est pas d'accord sur la norme à mettre en place pour régler un problème, mais chacun accepte de faire des concessions.

La rationalité du droit positif **

Selon **Montesquieu** (1689-1755), **le droit positif** ne résulte pas uniquement d'un accord entre les hommes : il est **l'expression de la raison humaine universelle**. En d'autres termes, les lois sont rationnelles et universelles (citation 6).

Dans *De l'esprit des lois* (1748), Montesquieu tente de dégager « l'esprit des lois », c'est-à-dire la logique qui préside à toutes les lois. En effet, il estime qu'il existe une certaine régularité des lois dans la mesure où celles-ci sont l'expression de la raison humaine universelle.

Plus précisément, le philosophe distingue **trois types de lois** :

- les lois politiques, qui règlent les relations entre gouvernants et gouvernés ;
- les lois civiles, qui règlent les relations des citoyens entre eux ;
- les lois internationales, qui règlent les relations des nations entre elles.

Bien que les lois soient liées à la raison, **elles varient fortement d'une nation à l'autre**, à la fois dans leur contenu et dans leurs applications pratiques. Cette diversité s'explique notamment par la théorie des climats : **le climat et la géographie influencent le comportement des hommes, et donc l'élaboration des lois**. Autrement dit, l'étude des lois de la nature d'une nation permet de comprendre les circonstances qui ont mené à l'établissement de ses lois politiques et civiles. Ainsi, les lois des hommes découlent de la nature des choses : la raison humaine fixe les lois en fonction de la nature. Il s'agit là du fondement du droit selon Montesquieu.

L'ÉGALITÉ JURIDIQUE EN QUESTION

Égalité juridique et inégalités sociales **

Dans la société actuelle où la question de l'inégalité sociale est centrale, on est en droit de s'interroger sur la portée de l'égalité juridique entre tous les citoyens : implique-t-elle l'égalité des conditions matérielles de l'existence des individus ?

Cette question fut d'emblée posée par les premiers philosophes critiques à propos des révolutions démocratiques de la fin du XVIIIe siècle. Ainsi, **Alexis de Tocqueville** (1805-1859) rappelle, dans *De la démocratie en Amérique* (1835-1840), que **l'égalité juridique a comme premier objectif de mettre fin à la société des privilèges liés à la naissance**. Dès lors, après la révolution démocratique, s'il y a toujours des serviteurs et des maitres, ces statuts ne sont plus définitifs : ils dépendent d'un contrat entre les deux individus.

C'est une association libre, volontaire et temporaire : une fois le contrat rempli, le serviteur sait qu'il rentre chez lui avec les mêmes droits juridiques que son maitre.

John Rawls (1921-2002) explique pour sa part que l'égalité juridique n'exclut pas les inégalités socioéconomiques.

Dans la continuité d'Aristote, il défend deux principes de justice :

* **le principe d'égalité** : chaque individu doit avoir les mêmes libertés de base, autrement dit les mêmes droits et les mêmes devoirs fondamentaux ;
* **le principe de différence** : les inégalités socioéconomiques sont acceptables, d'une part si on peut raisonnablement s'attendre à ce qu'elles produisent des avantages pour chacun, même pour les plus défavorisés, d'autre part si elles sont relatives à des fonctions accessibles à tous.

Ainsi, tous les hommes sont égaux en ce qui concerne la liberté – tous ont les mêmes droits de base –, mais **il peut y avoir des différences de statuts économiques et sociaux, à condition que ces différences profitent à tous**. Dès lors, seules les inégalités qui n'avantagent pas l'ensemble de la population sont injustes (citation 7).

Le principe de différence a fait l'objet de vives critiques, car il réclame une intervention de l'État : en effet, celui-ci se doit d'établir un équilibre de manière à ce que les plus défavorisés aient autant d'avantages que les mieux lotis.

L'égalité juridique, une aliénation ***

Karl Marx (1818-1883) est le penseur de l'idéal de justice communiste : alternative au capitalisme, le communisme advient selon Marx suite à la révolution des prolétaires, ce qui donne lieu à l'émancipation de l'humanité entière par la mise en commun des moyens de production et à une société sans classes.

Marx défend un principe de justice selon lequel le droit devrait être non pas égal, mais inégal. Effectivement, il considère que donner des droits égaux à des citoyens naturellement différents selon leurs caractéristiques physiques, leurs vertus, leurs talents, etc., génère inévitablement des enrichissements individuels différents, de l'inégalité sociale et une destruction du bien commun puisque le plus grand nombre est dominé par les désirs. Il considère que l'égalité juridique, seule, produit par elle-même un problème de société, car nous ne sommes pas tous armés de la même manière pour pouvoir exploiter nos droits. Autrement dit, il estime qu'**un droit égal pour tous aliène les individus**. L'aliénation désigne l'état d'un être devenu étranger à lui-même, ayant perdu toute conscience de ses actes, son identité et une part de sa liberté <u>(citation 8)</u>.

Le philosophe prône un idéal moral tout autre. Par exemple, lorsqu'il considère un ouvrier marié avec des enfants et un ouvrier célibataire, il estime que leur salaire doit être différent. De la même manière, pour une même tâche à accomplir, Marx souhaiterait que l'on tienne compte, dans le salaire, de la difficulté relative à laquelle font face les travailleurs en fonction de leurs talents, de leurs caractéristiques physiques, etc.

La critique communautarienne *

En 1945, la Charte des Nations unies se donne pour objectif de développer entre les différentes nations des relations fondées sur le respect de l'égalité des droits des peuples et de leur droit à disposer d'eux-mêmes. Il s'agit là d'une évolution de l'idée des droits de l'homme puisqu'on reconnait l'existence de droits collectifs pour un peuple.

Dans ce sens, tout un pan de la philosophie défend l'idée que penser les droits d'un individu isolé est une illusion politique, un non-sens philosophique ou une réduction de la réalité : l'individu appartient toujours à une communauté et les droits de celle-ci doivent primer sur ceux de l'individu.

L'argumentation communautarienne, développée par **Michael Walzer** (1935), repose majoritairement sur deux arguments :

* d'une part, **la primauté du bien commun sur le juste**. Selon Walzer, une morale fondée sur la notion du juste (comme l'impératif catégorique de Kant, par exemple) exprime la faiblesse d'une société qui ne sait plus se prononcer sur une conception de la vie bonne ;
* d'autre part, **le refus de concevoir l'humain comme un individu isolé**. Le libéralisme politique laisse à l'individu la liberté de définir ce que représente la vie bonne à ses yeux alors que ce dernier est fondamentalement incapable de se forger une opinion sans une communauté qui l'entoure depuis sa naissance. En effet, apprendre à parler

et, par conséquent, à donner sens au monde qui nous entoure requiert l'investissement d'autres personnes, d'une communauté qui nous précède et nous guide.

Le rôle de l'État est d'assurer le bienêtre de sa communauté, dont les exigences morales et juridiques peuvent être radicalement différentes de celles des autres communautés. En d'autres termes, la critique communautarienne ne remet pas en cause la pertinence du tournant démocratique, mais elle estime que les droits fondamentaux individuels ne peuvent être effectifs qu'au sein d'une communauté de signification, c'est-à-dire qui conçoit, crée et répartit les biens, et à partir de laquelle l'homme accorde de la valeur et du sens au monde qui l'entoure. Le droit à l'éducation, par exemple, doit être limité territorialement et appliqué aux membres d'une même communauté. **Mais qu'est-ce qu'une communauté de signification dans un monde de plus en plus interconnecté, mondialisé et multiculturel ?**

Les philosophes de l'Antiquité ont développé différentes conceptions de la justice : **Platon** nous enseigne que la justice désigne la bonne organisation d'une société qui respecte l'harmonie préétablie dans le monde des Idées ; **Aristote** distingue pour sa part la justice générale, conçue comme une vertu civique, et la justice particulière, qui règle les interactions entre les hommes selon les principes d'équité et d'égalité.

Pour **Kant**, la justice désigne le respect de la dignité de la personne humaine. Cette idée qu'il existe une dignité de l'homme se concrétise dans l'élaboration de la charte des droits de l'homme, mais il s'agit là d'un concept moral. Or la morale ne peut suffire à régler la vie sociale, comme le note Pascal, car elle n'est pas contraignante, à la différence du droit.

Certains penseurs se sont interrogés sur l'origine du droit : **Hobbes** et **Locke** soutiennent que le droit est né pour contrer la loi du plus fort qui régnait à l'état de nature. Les hommes ont décidé de renoncer à une part de leur liberté et de se soumettre à l'État qui leur garantit le respect de leurs droits fondamentaux : il s'agit du principe du contrat social. **Rousseau** y ajoute le concept de volonté générale : la légitimité du droit réside dans sa conformité à la volonté générale.

Selon **Montesquieu**, le droit positif est l'expression de la raison humaine universelle : les lois sont rationnelles et universelles.

Marx défend quant à lui un principe de justice selon lequel le droit devrait être inégal : donner des droits égaux à des citoyens naturellement différents génère inévitablement de l'inégalité.

Votre avis nous intéresse !
Laissez un commentaire sur le site de votre librairie en ligne
et partagez vos coups de cœur sur les réseaux sociaux !

POUR ALLER PLUS LOIN

- ARISTOTE, *L'Éthique à Nicomaque*, traduction de Jean Voilquin, Paris, Gamier, 1965.
- FORQUIN J.-C., « La critique communautarienne du libéralisme politique et ses implications possibles pour l'éducation », in *Revue française de pédagogie*, n° 143, avril-mai-juin 2003.
- HABERMAS J., *De l'éthique de la discussion*, traduction de Mark Hunyadi, Paris, Flammarion, 1992.
- HAYEK F., *Droit, législation et liberté, 2. Le Mirage de la justice sociale*, Paris, PUF, 1995.
- HOBBES T., *Le Léviathan*, Paris, Gallimard, 2000.
- KANT E., *Métaphysique des mœurs*, traduction d'Alain Renaut, Paris, Flammarion, 1994.
- LOCKE J., *Traité du gouvernement civil*, traduction de David Mazel, Paris, Flammarion, 1992.
- MARX K., « Critique du programme du parti ouvrier allemand (1875) », in *Œuvres, I. Économie*, traduction de Maximilien Rubel, Paris, Gallimard, 1965.
- MONTESQUIEU, *De l'esprit des lois*, Paris, Flammarion, 1979.
- PLATON, *La République*, traduction de Robert Baccou, Paris, GF-Flammarion, 1966.
- RAWLS J., *Théorie de la justice*, traduction de Catherine Audard, Paris, Seuil, 1987.
- RAWLS J., *La Justice comme équité*, traduction de Bertrand Guillarme, Paris, La Découverte, 2003.
- ROUSSEAU J.-J., *Du contrat social*, Paris, Hatier, 1999.
- TOCQUEVILLE A., *De la démocratie en Amérique*, Paris, GF-Flammarion, 2010.

- WALZER M., *Sphères de justice. Une défense du pluralisme et de l'égalité*, traduction de Pascal Engel, Paris, Seuil, 1997.

- 25 -

TESTEZ VOS CONNAISSANCES !

ASSOCIEZ CHAQUE CITATION À L'EXPLICATION QUI LUI CORRESPOND.

Citations

- **Citation 1** : « [...] la justice consiste à ne détenir que les biens qui nous appartiennent en propre et à n'exercer que notre propre fonction. » (PLATON, *La République*, Paris, GF-Flammarion, 1966, livre IV)
- **Citation 2** : « [...] souvent on considère la justice comme la plus parfaite des vertus [...]. La justice contient toutes les autres vertus. » (ARISTOTE, *L'Éthique à Nicomaque*, Paris, Gamier, 1965, livre V, chapitre III)
- **Citation 3** : « Agis de façon telle que tu traites l'humanité, aussi bien dans ta personne que dans toute autre, toujours en même temps comme fin, et jamais simplement comme moyen. » (KANT E., *Métaphysique des mœurs*, Paris, Flammarion, 1994, p. 111)
- **Citation 4** : « Le droit de nature [...] est la liberté qu'a chacun d'user comme il le veut de son pouvoir propre, pour la préservation [...] de sa propre vie, et en conséquence de faire tout ce qu'il considérera [...] comme le moyen le mieux adapté à cette fin. » (HOBBES T., *Le Léviathan*, Paris, Gallimard, 2000, chapitre XIV)
- **Citation 5** : « [...] il ne faut plus demander à qui il appartient de faire des lois, puisqu'elles sont des actes de la volonté générale ; ni si le prince est au-dessus des lois, puisqu'il est membre de l'État ; ni si la loi peut être injuste, puisque nul n'est injuste envers lui-même ; ni

comment on est libre et soumis aux lois, puisqu'elles ne sont que des registres de nos volontés. » (ROUSSEAU J.-J., *Du contrat social*, Paris, Hatier, 1999, livre II, chapitre VI, p. 46)

- **Citation 6** : « La loi, en général, est la raison humaine, en tant qu'elle gouverne tous les peuples de la terre ; et les lois politiques et civiles de chaque nation, ne doivent être que les cas particuliers où s'applique cette raison humaine. » (MONTESQUIEU, *De l'esprit des lois*, Paris, Flammarion, 1979, livre I, chapitre III)
- **Citation 7** : « Les inégalités socioéconomiques, [...] de richesse et d'autorité, sont justes si et seulement si elles produisent, en compensation, des avantages pour chacun et, en particulier, pour les membres les plus désavantagés de la société. » (RAWLS J., *Théorie de la justice*, Paris, Seuil, 1987, p. 38)
- **Citation 8** : « Les individus inégaux (ils ne seraient pas distincts, s'ils n'étaient pas inégaux) ne peuvent être mesurés à une mesure égale. » (MARX K., « Critique du programme du parti ouvrier allemand [1875] », in *Œuvres*, I. *Économie*, Paris, Gallimard, 1965, p. 1420)

Explications

- **Explication a** : une loi est légitime si tous les individus concernés par cette loi sont d'accord avec celle-ci : il s'agit du consensus.
- **Explication b** : la justice est une organisation harmonieuse de la société où chaque classe sociale exerce une fonction spécifique et a sa place propre.
- **Explication c** : la justice exige qu'on traite l'homme

comme une fin, c'est-à-dire comme une liberté qui, en tant que telle, exige dignité et respect.

- **Explication d** : à l'état de nature, l'homme possède un droit naturel à disposer librement de son corps et à affirmer ses désirs égoïstes ; il est totalement libre.
- **Explication e** : la reconnaissance de droits individuels fondamentaux et inaliénables générée par les révolutions démocratiques constitue le fondement de toute politique. Même au nom de l'intérêt général, on ne peut les bafouer.
- **Explication f** : les individus étant naturellement différents par leurs caractéristiques physiques, leurs qualités, leurs aptitudes, le droit positif ne doit pas être commun à tous les citoyens.
- **Explication g** : la justice, conçue comme disposition à agir pour le bien de la société, est la vertu absolue, celle qui comprend toutes les autres vertus.
- **Explication h** : les lois émanent de la volonté générale, ce qui signifie que c'est l'homme qui en est l'auteur : il les choisit librement et volontairement.
- **Explication i** : la justice ne doit pas offrir les mêmes conditions de vie à chacun, elle doit plutôt reconnaitre la diversité des désirs et des possibilités humaines.
- **Explication j** : une communauté d'individus peut accepter des inégalités sociales si et seulement si le système mis en place avantage les défavorisés.
- **Explication k :** les lois, bien qu'elles soient particulières à chaque nation, sont l'expression de la raison humaine universelle.

CHOISISSEZ UN SUJET BAC ET CONSTRUISEZ LE PLAN DE VOTRE DISSERTATION EN Y ASSOCIANT, SI POSSIBLE, CERTAINES DES CITATIONS ET DES EXPLICATIONS REPRISES CI-DESSUS.

- Serions-nous plus libres sans l'État ? (bac S 2012)
- La liberté est-elle menacée par l'égalité ? (bac ES 2011)
- D'où les lois tirent-elles leur force ? (bac S 2007)
- Le juste et l'injuste ne sont-ils que des conventions ? (bac L 2005)
- Défendre ses droits, est-ce la même chose que défendre ses intérêts ? (bac ES 2002)
- Que peut la raison pour exclure la violence ? (bac T 2002)
- L'exigence de justice et l'exigence de liberté sont-elles séparables ? (bac L 2000)
- Le droit nous dit-il ce qu'il est juste de faire ? (bac T 1999)
- Le droit est-il l'œuvre de la raison ?
- Une société juste peut-elle s'accommoder d'inégalités ?

Rendez-vous sur lepetitphilosophe.fr et découvrez :

Plus de 1200 analyses
Claires et synthétiques
Téléchargeables en 30 secondes
À imprimer chez soi

ISBN version numérique : 978-2-8062-4445-1
ISBN version papier : 978-2-8062-4422-2
Dépôt légal : D/2017/12603/561

Schémas réalisés par Alberto Molina Pérez, doctorant en philosophie des sciences (Université Paris I-Panthéon-Sorbonne).

Conception numérique : Primento, le partenaire numérique des éditeurs.

Made in the USA
Monee, IL
07 July 2026